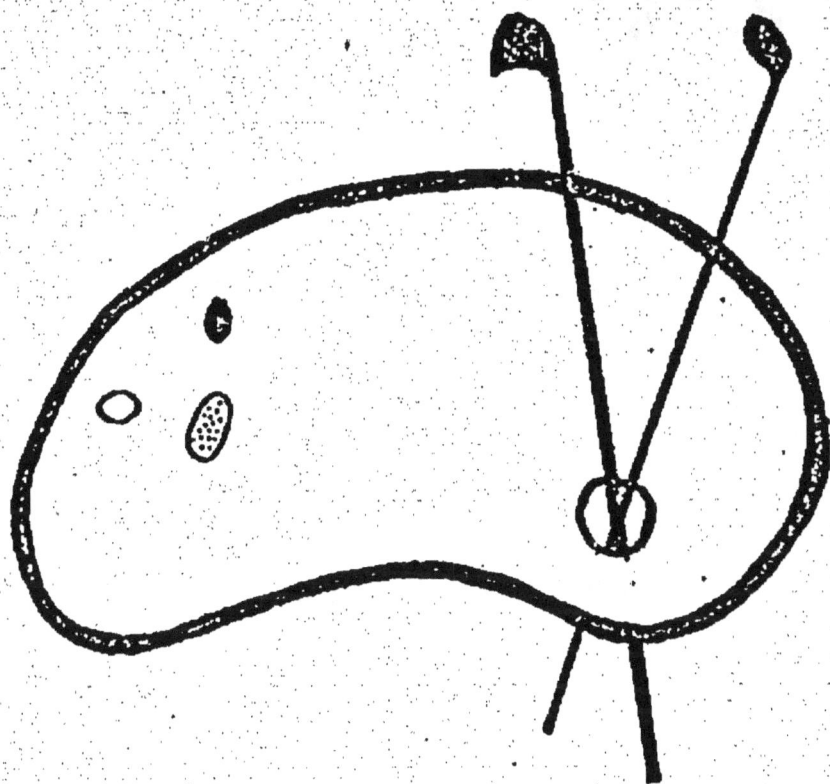

DEBUT D'UNE SERIE DE DOCUMENTS
EN COULEUR

POUR

LA PATRIE ET LA LIBERTÉ

CONTRE

LE COLLECTIVISME

PAR

GEORGES DE NOUVION

—∞○○∞—

CHEZ L'AUTEUR
1, RUE SURCOUF, 1
PARIS
—
1908

MAYENNE, IMPRIMERIE CH. COLIN.

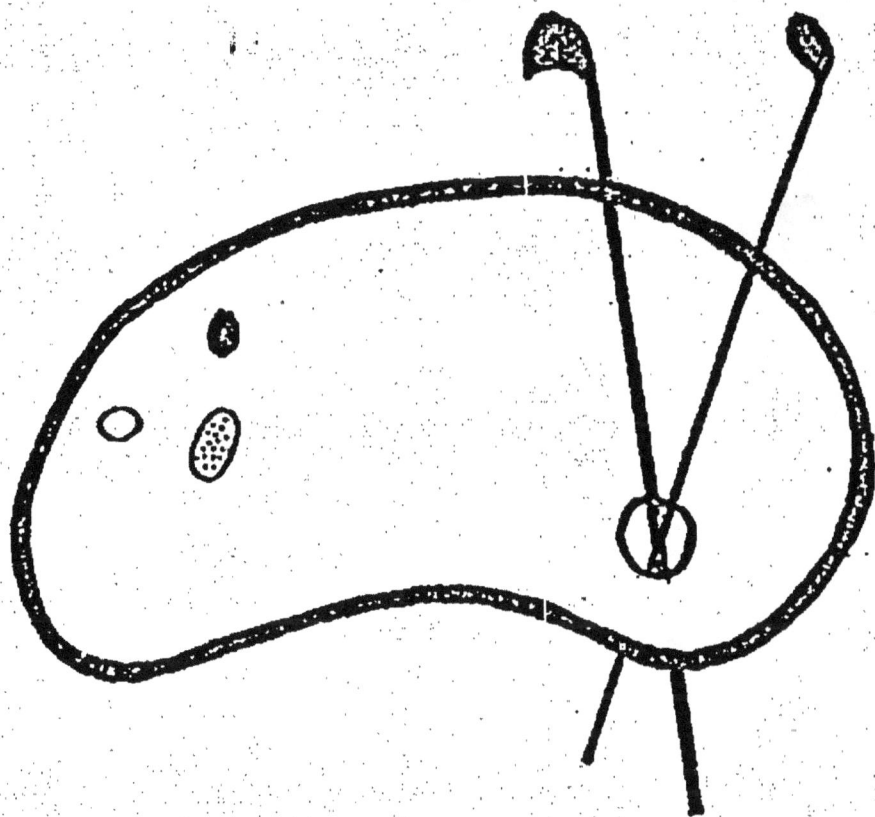

FIN D'UNE SERIE DE DOCUMENTS
EN COULEUR

POUR LA PATRIE ET LA LIBERTÉ

CONTRE LE COLLECTIVISME

POUR

LA PATRIE ET LA LIBERTÉ

CONTRE

LE COLLECTIVISME

PAR

GEORGES DE NOUVION

—∞○◦—

CHEZ L'AUTEUR

1, RUE SURCOUF, 1

PARIS

——

1908

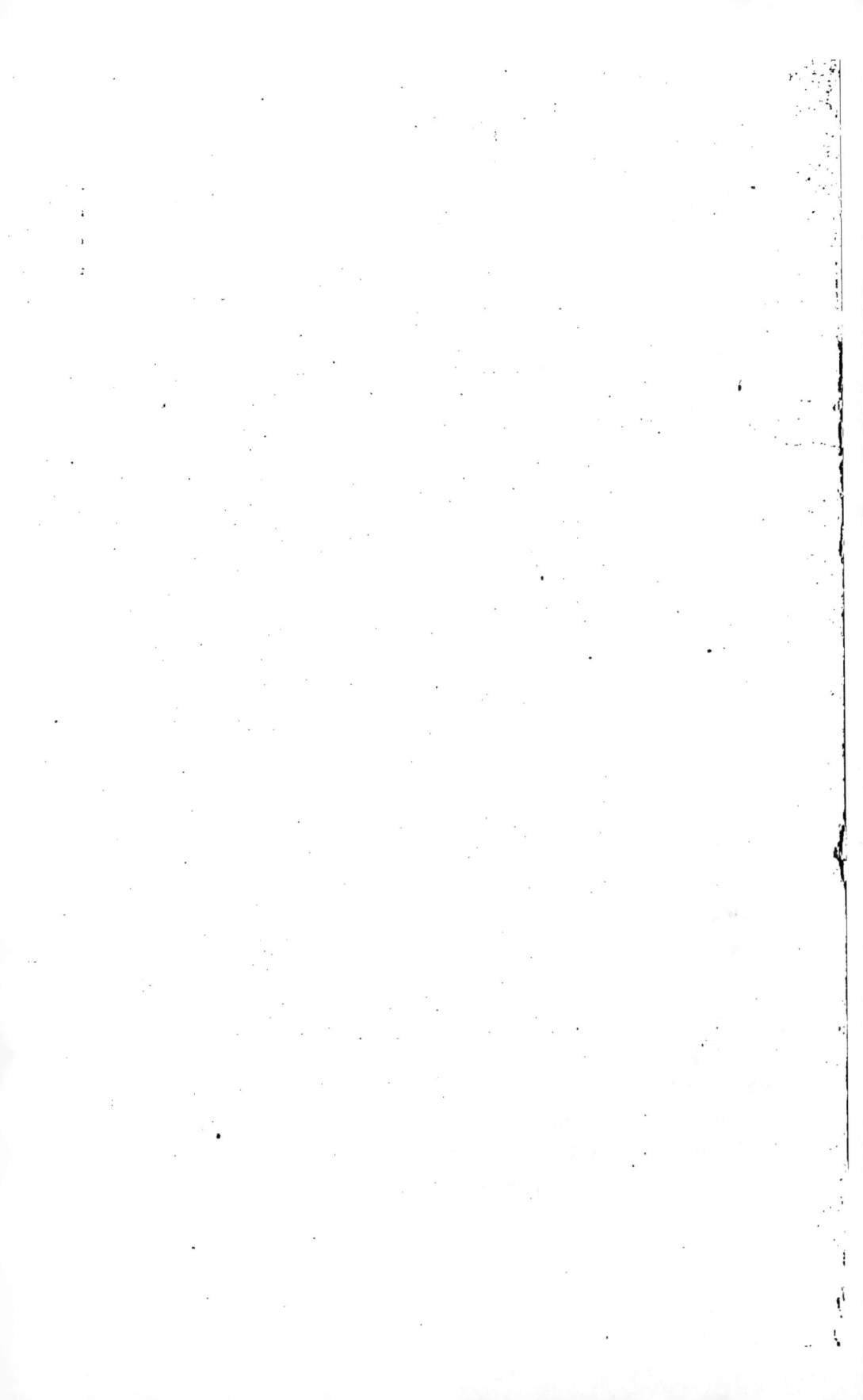

POUR LA PATRIE ET LA LIBERTÉ
CONTRE LE COLLECTIVISME

I

**Les premières sociétés. — La tribu. — La propriété collective.
Le sentiment individualiste.**

A toutes les époques de son existence, l'humanité s'est donné pour but de s'assurer des conditions de vie de plus en plus satisfaisantes au prix d'un effort toujours diminué. Les armes et les outils que l'homme préhistorique s'est fabriqués avec des éclats de silex lui ont permis de se défendre et de pourvoir à ses besoins mieux et avec moins de peine que lorsqu'il était réduit à se servir de ses ongles et de ses dents. La tribu s'est formée pour que, par une première division du travail, une partie des hommes se consacrassent aux travaux nécessaires pour la subsistance de tous, pendant que l'autre partie veillerait à la sécurité générale et défendrait les travailleurs contre les attaques

des animaux ou des autres tribus. Ces premiers
outils rudimentaires ont donné à l'homme le
moyen de travailler le fer avec lequel il s'est
fait d'autres armes et d'autres outils d'un ma-
niement plus aisé, d'un usage plus commode, qui,
avec un moindre effort, lui ont rendu de plus
grands services.

En domestiquant les espèces animales utiles
à son alimentation ou à son vêtement, en se
faisant porter par les animaux, en les chargeant
de transporter les fardeaux qu'il était aupara-
vant contraint de tirer lui-même, en défrichant
le sol pour réunir à portée de sa main les végé-
taux dont il avait besoin, au lieu d'aller les
chercher à de longues distances et d'en recueillir péniblement une certaine quantité, l'homme
a continué cette œuvre d'appropriation de la
nature à ses besoins. Il a amélioré progressive-
ment ses conditions d'existence et diminué l'effort qu'il lui fallait faire pour se procurer ce qui
lui était utile.

Dans cette recherche sans cesse poursuivie
du plus grand bien-être pour la moindre peine,
l'homme ne s'est pas contenté de mettre à son
service les forces de la nature. Les tribus les
plus vigoureuses, les individus les plus robustes
ont trouvé moins pénible de prendre aux tribus
et aux individus plus débiles le produit de leur
travail que de travailler eux-mêmes. Non seulement ils les ont dépouillés de leurs outils,
de leurs terres et de leurs troupeaux, mais ils

les ont contraints à travailler pour eux par la menace et la violence.

Cependant, peu à peu, dans ces sociétés embryonnaires, le besoin se fait sentir d'établir une règle, de soustraire les faibles à la brutalité, aux exactions des forts. L'idée de droit se fait jour en même temps que le sentiment de la personnalité se précise. Il avait suffi tout d'abord aux membres de la tribu de mettre en commun leurs efforts pour se défendre contre le péril du dehors et pour assurer leur subsistance. Les biens de la tribu étaient la propriété collective de tous ses membres. Mais de cette appropriation confuse, les esprits s'élèvent à une spécialisation plus complète. Chacun veut dégager sa personnalité de la masse ; chacun veut recueillir le bénéfice de son effort personnel ; il veut sa famille pour lui conserver le bénéfice de cet effort ; il veut sa propriété particulière garantie par des dispositions qui en imposent le respect aux autres membres de la tribu. L'idée de famille, celle de propriété et celle de loi se complètent les unes les autres.

Ainsi, à mesure que l'humanité grandit, que l'individu prend plus complètement conscience de sa valeur personnelle et qu'il apprécie mieux le prix de ses efforts et de son labeur, chacun comprend davantage qu'il a besoin de faire le compte de ce qu'il apporte à la société et de ce qu'il reçoit de la société, par conséquent de séparer ses intérêts des intérêts d'autrui. Il veut avoir en propre la possession des instruments et des ustensiles dont il fait quotidiennement usage ; il veut avoir sa hutte ou sa cabane où il sera à l'abri des curiosités et des promiscuités ; il veut avoir son champ, qu'il cultivera à sa guise et où il sera certain de recueillir pour lui-même le bénéfice du travail qu'il aura fourni, de la peine qu'il se sera donnée.

Chaque pas que fait l'homme dans la voie de la propriété individuelle est un progrès. Plus la distinction entre le tien et le mien s'affirme dans les faits comme dans les esprits, plus la société se perfectionne et l'on peut dire à juste titre que l'état de civilisation se mesure au développement plus ou moins grand auquel est parvenue chez un peuple l'idée de propriété individuelle. Cette opinion est, du reste, confirmée par l'expérience. Si la propriété individuelle est la règle chez les nations parvenues à l'entier épanouissement de la civilisation, comme la France, l'Angleterre, l'Allemagne, la Belgique, l'Italie, la propriété collective se rencontre dans les pays de moindre civilisation ; tel le *mir* des paysans russes ; telles certaines tribus des confins du désert africain où l'homme limite sa propriété individuelle à ses femmes, son cheval et ses armes ; et si l'on arrive enfin aux derniers degrés de l'échelle humaine, aux peuplades du centre de l'Afrique, dont le langage est aussi rudimentaire que grossière l'intelligence, on constate qu'aucune idée n'existe de propriété, qu'il n'y a même pas, dans le vocabulaire, de mot pour exprimer la notion de possession ou un sentiment individualiste.

II

La propriété individuelle. — Le troc et l'échange. — La monnaie n'est pas la richesse. — Les obstacles artificiels à l'échange.

Quelque fortement que soit enracinée depuis des siècles, chez la plupart des hommes, l'idée de propriété qui trouve son expression la plus haute, la plus tangible dans la propriété du sol, ceux qui possèdent un coin de terre sont moins nombreux que ceux qui n'en ont pas. Est-ce à dire que ces derniers n'ont pas de propriété ? Ce serait une grosse erreur. Le plus humble des artisans, le plus dépourvu des hommes possède le produit de son travail. Il l'a librement vendu après avoir, sans aucune contrainte extérieure, choisi le genre d'ouvrage qui lui paraissait le mieux approprié à ses facultés et à ses forces. Il en touche le prix et il dispose de cette rémunération comme bon lui semble.

Tous les hommes ne possèdent pas un morceau du sol, ne tirent pas directement du travail de la terre leurs moyens d'existence et il n'en peut être autrement dans une société normale. Tout le monde ne peut pas produire du blé ou de l'avoine, cultiver la vigne ou élever du bétail.

Le cultivateur a besoin d'instruments; celui qui les fabrique ou qui en extrait le fer des entrailles du sol, de même que le cultivateur, a besoin de vêtements, de chaussures, d'habitation, de moyens de transport. Celui qui fait pousser le blé a besoin que d'autres convertissent le grain en farine et la farine en pain. La société normale repose sur un échange constant de produits et de services.

Cet échange a pu commencer par se faire en nature. « Tu as besoin de vêtements, a dit l'un; je consens à t'en céder, mais que me donneras-tu en échange? J'ai du blé, a répondu l'autre; je t'en donnerai telle quantité », et le marché a été conclu. Mais l'échange pratiqué sous cette forme primitive, qui s'appelle le troc, ne se prête qu'à un nombre très restreint de transactions entre voisins. Si je propose à celui qui fait du pain de m'en céder en échange d'un des vêtements que je confectionne et s'il n'a pas besoin de vêtements, il refusera le marché et je devrai me passer de pain.

Pour obvier à cet inconvénient, on a imaginé un instrument d'échange qui est la monnaie, et à la commune mesure duquel on ramène la valeur des divers produits. Dès lors, celui qui a besoin de pain, d'outils, de vêtements, n'a plus à chercher à qui il pourra proposer d'en échanger contre les objets qu'il fabrique lui-même. Il échange les objets qu'il a fabriqués contre une certaine quantité de monnaie que lui remet celui qui a besoin de ces objets. Lui-même, avec cette monnaie, se rend chez ceux qui fabriquent les produits qui lui sont utiles. Ceux-ci, à leur tour en useront de même avec d'autres.

Ce ne sont plus seulement des objets fabriqués qui s'échangent les uns contre les autres. C'est le travail de l'ouvrier qui est évalué en monnaie. Le salaire qui lui est versé représente sa part dans la valeur des objets à la fabrication desquels il a collaboré.

Par la substitution de la monnaie au troc, le champ des échanges s'élargit. Comme le transport d'une certaine quantité de monnaie est plus facile que celui de produits lourds et encombrants, l'échange devient possible, non plus seulement entre voisins immédiats, mais entre hommes habitant à des distances plus considérables. Certains d'entre eux peuvent entreprendre la fabrication d'objets qui, n'étant pas de première nécessité et ne se détruisant pas chaque jour par la consommation, comme les denrées alimentaires, ne pourraient faire entre hommes habitant les uns auprès des autres l'objet d'échanges quotidiens, mais dont il devient possible de placer un certain nombre lorsque l'échange s'opère entre un plus grand nombre d'hommes.

Enfin l'usage de la monnaie permet à l'homme de développer son activité et d'étendre ses échanges parce qu'il n'est plus obligé de les limiter à la quantité de produits qu'exige sa consommation immédiate mais qu'il peut réserver une partie de la monnaie qu'il reçoit, sachant qu'il aura le moyen, au moment choisi par lui, de se procurer avec cette monnaie réservée, ce qui sera utile à la satisfaction de ses besoins.

Ainsi la monnaie étend le champ d'action de l'homme dans l'espace et dans le temps. Elle lui fournit le moyen d'avoir à sa disposition plus de produits, plus de bien-être que ne ferait le troc direct ; elle permet aux artistes, aux professeurs, à tous ceux en un mot qui n'ont pas à échanger des produits matériels fabriqués et consommés au jour le jour, mais qui ont à échanger des services contre des produits, de vivre, de se vêtir, de se loger pendant qu'ils poursuivent leurs recherches ou exécutent des travaux à l'achèvement desquels un long temps est nécessaire.

En donnant à l'homme le moyen d'augmenter ses échanges, de régler ses consommations, d'en différer une partie, la monnaie a été l'un des grands agents du bien-être de l'humanité et du progrès de la civilisation. Son rôle ainsi compris est assez large et assez beau pour qu'on ne l'accroisse pas encore en lui attribuant une fonction qu'elle n'a pas. C'est se tromper gravement que de considérer la monnaie comme la richesse. La fable antique a fait justice de cette confusion. Le roi Midas avait le privilège de changer en or tout ce qu'il touchait. Sa richesse était donc en apparence illimitée. Mais le pain ou la viande qu'il touchait n'échappait pas à cette transformation. C'était un morceau d'or qu'il portait à sa bouche et il mourait de faim. Pareille mésaventure serait advenue à Robinson Crusoé s'il n'avait sauvé du navire que l'or et l'argent qu'il portait. Heureusement pour lui, il chargea sur son radeau des armes et des munitions avec lesquelles il put assurer sa subsistance, des outils qui lui permirent de fabriquer les objets de première nécessité, et une poignée de grain que la fécondité de la terre se chargea de transformer en récoltes de plus en plus abondantes. Ces armes, ces outils, ces grains lui furent de la plus grande utilité tandis qu'il oubliait dédaigneusement les pièces d'or et d'argent dans un coin de sa grotte.

C'est qu'en effet ces métaux ne valent que par la facilité qu'ils donnent de les convertir en produits, par conséquent, d'échanger par leur intermédiaire les objets dont on a soi-même besoin contre les objets que l'on a fabriqués pour les mettre à la disposition de ceux qui en avaient besoin. La monnaie permet à l'homme placé en un point quelconque du globe de se procurer les produits fabriqués dans tous les pays. Il y a un lien indissoluble entre l'activité de la circulation de la monnaie et l'intensité des échanges d'une part, et la variété des produits mis à la disposition de chacun, d'autre part. Cette intensité des échanges, cette variété de produits, ont pour effet de stimuler l'activité des produc-

teurs, chacun d'eux désirant se concilier les pré-
férences des consommateurs à la fois par la supériorité des produits qu'il leur présente et par
les conditions favorables dans lesquelles il est
disposé à en faire l'échange, c'est-à-dire par le
bon marché.

Toutes les fois que des obstacles ralentissent
le mouvement des échanges, la concurrence des
producteurs diminue. Le consommateur a moins
de produits à sa disposition et les conditions
de l'échange lui sont moins favorables, c'est-à-
dire qu'il peut s'en procurer une moindre quantité pour la même quantité de monnaie, ce que
l'on exprime en disant qu'il paie plus cher. Mais
le producteur ne tire pas de ce relèvement de
prix l'avantage qu'on serait porté à croire. C'est
qu'il n'est pas seulement producteur ; il est
bien plus encore consommateur. Il vend, il est
vrai, plus cher le produit qu'il fabrique. Mais il
fabrique un produit et il consomme des centaines de produits fabriqués par d'autres. Si donc
des obstacles sont créés pour ralentir le mouvement général des échanges, il en profite une fois
et il en pâtit des centaines de fois. Par exemple,
le cultivateur vend son blé plus cher. Mais ce
cultivateur consomme des produits fabriqués
avec le blé, comme le pain et les pâtes alimentaires, de la viande, des vêtements, du papier,
du vin, du sucre, et encore bien d'autres produits et il paie chacun d'eux plus cher que si
rien n'entravait le mouvement des échanges.

Non seulement ce cultivateur consomme pour lui et pour sa famille mais il emploie des ouvriers qui, en échange de leur travail, doivent recevoir un salaire suffisant pour vivre et faire vivre leur famille; ils sont également atteints par ce renchérissement des subsistances et ils exigent du cultivateur un salaire plus fort que si les échanges n'étaient pas ralentis.

Ce ralentissement des échanges est volontairement provoqué par ce qu'on appelle le régime protectionniste ou le système protecteur. Ce système consiste à faire payer des droits de douane élevés aux marchandises qui entrent dans un pays, venant de pays étrangers. Le montant de ces droits s'ajoute au prix payé au producteur étranger et par conséquent la marchandise ne peut se vendre dans le pays où elle est importée qu'avec une augmentation très sensible. Les producteurs qui, dans ce même pays, fabriquent des objets de même nature sont donc protégés contre la concurrence des producteurs étrangers. Cette concurrence s'exerçant librement les aurait contraints à vendre leurs produits aussi bon marché que les produits étrangers. En augmentant le prix de ceux-ci, le droit de douane permet au producteur indigène d'échapper à cette nécessité.

Ce ralentissement des échanges provoque une diminution d'activité dans la circulation de la monnaie ou une déviation dans cette circulation. L'importation des produits étrangers diminue. Si les exportations des produits du pays dans les pays étrangers ne diminuent pas en même temps, il sort moins de monnaie du pays et il en rentre autant, ce que les partisans du système protecteur considèrent comme un accroissement de richesse. Si les exportations suivent comme les importations une marche décroissante, l'industrie se réduit; des usines se ferment; une partie des ouvriers est condamnée au chômage ; la détresse atteint un nombre de plus en plus considérable d'individus et de familles. Malgré ces symptômes inquiétants, les partisans du système protecteur se félicitent de l'établissement d'un régime qui empêche la sortie de la monnaie, sortie qui, suivant eux, appauvrit le pays et le conduit à la ruine.

Les partisans du système protecteur prennent les apparences de la richesse pour la richesse elle-même. Ils font comme l'avare qui meurt de faim sur un grabat bourré de monnaie. Ils sont affligés du même privilège que Midas ; ils changent en or tout ce qu'ils touchent; mais pas plus que lui, ils ne peuvent convertir cet or en produits dont l'abondance et le bon marché feraient régner le bien-être. Dans l'opération complète qui consiste en quatre mouvements : donner des produits et recevoir de l'or, donner de l'or et recevoir des produits, ils s'arrêtent à mi-chemin. Ils veulent bien échanger des produits contre de l'or; mais ils se refusent à admettre que l'opération complète consiste à échanger

des produits contre des produits, et que c'est de
cette opération complète seule que résultent
l'abondance et le bien-être, conditions qui sont
également désirables pour tous les hommes.

III

**La sociabilité. — L'instinct et l'intelligence. — L'intérêt
personnel et les intérêts généraux. — Le monopole tyrannique**

Aucun être n'est créé pour la solitude. Les
espèces animales les plus basses ont l'instinct de
la sociabilité et il n'y a pas eu besoin d'un contrat social — que personne n'a jamais vu, que
personne n'a jamais souscrit et dont personne
ne saurait citer les clauses — pour que les hommes se rapprochassent les uns des autres. L'instinct de sociabilité qui est la loi de la nature,
parce que, sans lui, l'existence des individus
serait compromise et la conservation de l'es-
pèce menacée, y a suffi. Mais les harengs ou les
sardines, les cigognes ou les cailles, les abeilles
ou les fourmis forment aujourd'hui entre eux
des groupements identiques à ceux qu'ils for-
maient il y a des milliers d'années. Il ne s'est
produit ni recul ni progrès dans le développement
de leur instinct.

L'homme au contraire n'est pas lié par un instinct immuable à la perpétuelle conservation de
la même organisation. Son intelligence lui a

2

suggéré la recherche d'améliorations ; elle l'a
amené à réaliser des progrès dans le but d'augmenter sa sécurité, de diminuer sa peine tout
en se donnant plus de commodités, de se donner, en un mot, toujours plus de bien-être. Bien
nombreuses ont été les transformations avant
que les sociétés humaines atteignent le degré
de civilisation auquel elles sont parvenues. Dans
les petites sociétés des premiers âges, l'individu est dans un état de dénuement à peu près
complet. Il ne peut à peu près rien par ses seules
forces ; un effort collectif est sans cesse nécessaire et l'intelligence humaine est encore trop
peu développée pour que le sentiment de la personnalité se fasse jour. La tribu est tout et chacun de ceux qui la composent n'est en quelque
sorte qu'une pièce dans ce mécanisme général.
Elle contribue au fonctionnement de l'ensemble.
Si elle en était détachée elle serait réduite à
une entière impuissance.

Cependant, de premiers progrès sont réalisés.
L'homme a trouvé le moyen d'utiliser le fer, de
se vêtir, de cultiver le sol, de se défendre contre
les attaques des animaux féroces, de domesti-
quer ceux qui lui rendent des services. Le sentiment de la personnalité s'est éveillé et, avec
lui, celui de la propriété individuelle. Est-ce
l'égoïsme qui se manifeste et qui se prépare à
remplacer la solidarité sociale de la première
organisation ? Non : c'est le premier pas dans la
voie de la liberté ; c'est le premier indice du

sentiment de la responsabilité. L'homme se sent assez sûr de lui pour ne plus accepter ce rôle de fragment, de molécule sociétaire sans initiative personnelle, sans volonté propre, sans fonction particulière que les nécessités des premiers âges lui ont imposé.

D'autre part la société elle-même s'est assez développée pour que des besoins nouveaux soient nés. A l'homme primitif se nourrissant de racines et disputant péniblement sa vie à ses ennemis, errant de caverne en caverne, toujours à la recherche d'une région où son existence soit moins menacée et sa misérable subsistance moins précaire, a succédé un homme qui cultive la terre, qui s'est fixé sur le sol, qui attend que sa moisson lève, qui s'est construit un abri, qui élève du bétail. L'organisation sociale est encore bien rudimentaire. Mais l'augmentation des besoins est cependant assez grande déjà pour que la nécessité apparaisse d'une première division du travail et que chacun cherche quelle est, dans ces diverses sortes de travaux, celle qui convient le mieux à ses forces physiques, à ses aptitudes et à ses goûts. Il cherche en même temps quel est, parmi ces divers travaux, celui dans lequel il a le plus de chance de réussir puisqu'il ne peut assurer sa subsistance qu'à la condition d'échanger ses produits contre ceux qui lui sont utiles.

En faisant son choix, il est guidé par son intérêt ; nul ne le conteste et il y a d'autant moins lieu de le contester que c'est un sentiment tout naturel et parfaitement légitime. Mais cet intérêt particulier ne peut recevoir satisfaction qu'à la condition de concorder avec les intérêts généraux. Celui qui fabrique des instruments de pêche trouvera facilement à les échanger contre d'autres produits s'il les propose aux riverains de la mer ou d'un fleuve. S'il veut en faire l'objet d'un commerce dans un pays dépourvu d'eau, on le considérera comme un fou et il ne se rencontrera personne pour s'encombrer de ces engins.

De même, si dans une agglomération où sont déjà installés des hommes qui offrent du pain ou des vêtements en quantité suffisante pour répondre aux besoins de la consommation, d'autres hommes veulent faire commerce de pain ou de vêtements, certains d'entre eux ne tarderont pas à s'apercevoir qu'ils ne peuvent pas échanger assez de pain ou de vêtements pour se procurer les divers produits dont ils ont besoin. Ils devront reconnaître qu'en choisissant ce genre de négoce ils n'ont pas répondu à un intérêt général et que leur intérêt personnel pâtit de cette méconnaissance. Leur intérêt particulier les déterminera à chercher une autre occupation plus concordante avec les intérêts généraux.

Ils agissent sous leur responsabilité, à leurs risques et périls, dans le plein usage de leur liberté et sans porter atteinte à la liberté des

autres hommes. Mais les conditions changent
et l'égoïsme — dans ce qu'il a de condamnable
— commence à se manifester dès que les intérêts particuliers, au lieu de s'adapter à l'intérêt général et de l'accepter comme la règle
suprême, émettent la prétention de se le subor-
donner et de lui imposer leur loi; c'est ce qui
se produit par exemple lorsque les marchands
ou les producteurs de quelque denrée que ce
soit empêchent d'autres marchands ou d'autres
producteurs d'ouvrir des établissements ou des
ateliers, ou lorsque, par l'élévation des droits
de douane, ils font obstacle à la libre circulation des marchandises.

Dans un cas comme dans l'autre, un certain
nombre d'hommes portent atteinte, dans leur
intérêt particulier, à l'intérêt particulier et à
la liberté des autres hommes qui voulaient
demander à leur travail et à leur négoce leurs
moyens d'existence, et ils portent atteinte en
même temps à l'intérêt général de tous les
hommes, lequel veut qu'ils puissent se procurer
les produits qui leur sont utiles ou agréables
en aussi grande quantité que possible et en les
payant à leur juste valeur. Le monopole que
ces marchands ou ces producteurs se sont
attribué a, au contraire, pour effet de restreindre
la quantité des produits mis à la disposition du
consommateur et d'en augmenter arbitraire-
ment le prix.

Tout monopole, toute réglementation, toute

entrave à la liberté des transactions fausse les conditions dans lesquelles s'opèrent ces transactions et subordonne, sacrifie l'intérêt général à quelques intérêts particuliers.

IV

La patrie. — Devoirs envers elle. — La paix dans la dignité.

Fixée sur le sol, mieux nourrie, mieux défendue contre les causes de destruction, contre les attaques, contre les intempéries, la tribu se développe ; elle aménage son territoire pour lequel déjà chacun de ses membres ressent ce sentiment intime que l'homme éprouve pour ce qu'il a acquis par son effort et son labeur, sentiment de fierté pour la victoire remportée sur les difficultés, instinct de propriété, satisfaction de bien-être, pieux souvenir de ceux qui sont tombés durant la marche vers la Terre promise ou qui y ont déjà leur tombe creusée ; aspiration vers des améliorations et des progrès qui rendront la vie plus facile à leurs continuateurs ; tous ces sentiments, toutes ces idées, toutes ces espérances s'agitent confusément dans l'esprit des premiers occupants.

Viennent les nouvelles générations qui marquent de plus en plus fortement leur empreinte sur ce coin de terre auquel les attachent des liens chaque jour plus nombreux. Enfants, ces

habitants ont reposé leur regard sur le paysage
qui les environne et dont tous les détails leur
sont familiers ; ils l'ont parcouru en tous sens
avec leurs camarades. Pas un arbre, pas une
pierre ne leur en est étranger; le murmure de la
source, le bouillonnement du torrent, les méan-
dres du ruisseau ont pour eux un charme et une
harmonie incomparables. Devenus hommes, ils
ont ensemble peiné sur ce sol ; ensemble, ils
l'ont fécondé de leur labeur, ils l'ont défendu ;
ensemble, ils ont éprouvé des joies, des douleurs,
des angoisses, des espérances qui ont rapproché
leurs esprits, fait battre leurs cœurs à l'unisson,
qui ont donné aux hommes et aux choses qui
les environnent une sorte d'âme commune. Les
uns sont une partie de la vie des autres. Chacun en portant ses regards autour de lui, sent
la douceur du chez-soi ; il a conscience que la
terre qu'il foule est en quelque mesure sa propriété, qu'il recueille là et non ailleurs le fruit
du labeur de ceux qui l'ont précédé, que là et
non ailleurs est la terre des ancêtres, la patrie,
à laquelle ils ont, les uns à la suite des autres,
donné tous leurs soins, dont il est à son tour
responsable envers les générations futures, aux-
quelles son honneur lui commande de la trans-
mettre plus prospère, plus fière, plus rayon-
nante qu'il ne l'a reçue de ses devanciers.

Envers cette patrie, façonnée à notre image
par le persévérant effort d'une longue suite de
générations, chacun a des devoirs pareils à ceux

de l'enfant envers ses parents. Nous devons l'aimer, la respecter, la défendre. Travailler à sa grandeur et à sa gloire ne signifie pas y ajouter de nouveaux territoires, se montrer agressif à l'égard d'autres peuples et menacer la tranquillité de ses voisins.

Cet esprit d'aventure et de conquête est une déformation du sentiment patriotique. C'est la force et la violence portant atteinte au droit ; ce sont les forts abusant de leur supériorité pour opprimer et dépouiller les faibles. Il se résume dans cette maxime : « La force prime le droit. » Maxime odieuse qui permet à tous les excès, à tous les abus de se produire, qui anéantit l'effort constant de l'humanité vers la justice, qui fait reculer la civilisation jusqu'aux époques de la plus sauvage barbarie.

Il y a pour les nations une forme de patriotisme plus noble et plus pure, qui fait la grandeur de la patrie, qui lui assure un rang éminent dans le monde et qui sert ses intérêts en même temps que ceux de l'humanité tout entière.

Cette forme de patriotisme consiste à se rapprocher de plus en plus de l'idéal de justice et de liberté, à donner de plus en plus à l'individu, avec le sentiment de la responsabilité, la conscience de sa valeur, et à développer en lui l'esprit d'initiative sans lequel l'homme ne serait qu'un animal, industrieux comme la fourmi ou l'abeille, mais comme elles, incapables de progrès. Par le développement de sa civilisation, par l'autorité morale qu'elle en acquiert, par l'ingéniosité de ses savants, de ses artistes, de ses philosophes, de ses historiens, de ses poètes, de ses écrivains de tout genre, cette nation prend parmi les nations une place chaque jour plus glorieuse; les idées dont elle se fait la propagatrice se répandent et se développent pour le plus grand bien de l'humanité tout entière ; partout on sent que si une telle nation venait à disparaître ce serait un des grands foyers de lumière dont le rayonnement éclaire le monde qui s'éteindrait.

Mais quelque éloignée que soit cette nation de l'esprit de conquête, quel que soit son désir de n'être pas troublée par le fracas des armes dans son étude et son commerce, d'entretenir avec toutes les autres nations de bons rapports, elle ne peut faire abstraction des plus évidentes nécessités. Elle ne peut mettre en doute que la paix lui sera d'autant plus assurée qu'on saura mieux au dehors que, si elle était insultée ou menacée, tous ses enfants, quittant leur laboratoire, leur atelier, leur comptoir, jetant la plume ou le pinceau, abandonnant leurs études ou leurs plaisirs, se trouveraient debout, en armes, pour la défendre et venger ses insultes.

C'est à cette nécessité primordiale que la patrie demande à tous ses enfants de faire, dans l'intérêt commun, le sacrifice d'un peu de leur temps ; c'est en vue de ces éventualités contre

lesquelles il faut toujours se prémunir, quelque
vœu que l'on forme pour qu'elles ne se réali-
sent pas, que la patrie demande à tous ses enfants d'acquérir l'instruction militaire et de se
serrer à l'ombre du drapeau qui évoque dans le
passé le souvenir émouvant des luttes soute-
nues pour la défense et la gloire de la patrie,
qui, sur quelque point du monde qu'il se déploie,
porte dans ses plis l'âme de la patrie, pour lequel, sur le champ de bataille, le soldat sacrifie
sa vie parce qu'en le défendant, en l'empêchant
de tomber aux mains de l'ennemi, c'est la patrie
qu'il défend ; c'est le sol sacré qu'il dispute à
l'envahisseur.

V

La liberté. — Le contrat légal. — La neutralité de l'État.
La démocratie libérale.

A toutes les époques de son histoire, la vie
de l'humanité est faite des luttes qui ont pour
objet la destruction des privilèges que se sont
arrogés les conquérants devenus une caste dans
la nation et l'établissement de la justice, de l'é-
galité dans les devoirs comme dans les droits et
de la liberté. L'homme n'est lui-même que s'il
est libre de son corps, libre de son esprit, libre
de son travail, libre du produit de son travail.
Cette liberté n'a pas d'autres limites que celles

que lui impose le respect de la liberté d'autrui.
Si elle n'était pas contenue dans ces limites,
quelques-uns pourraient tout faire et les autres
hommes seraient opprimés par eux, livrés à toutes leurs violences et à toutes leurs exactions.
Un monopole, un privilège quelqu'il soit, ne
peut être obtenu par quelques-uns que par une
atteinte portée à la justice et par un empiéte-
ment sur la liberté des autres.

Pour défendre les droits de chacun contre les
menaces d'oppression d'autrui, la société, au
moins sous sa forme actuelle, prend un certain
nombre de mesures dont l'ensemble, dans chaque pays, forme la loi et constitue un contrat
auquel tous les habitants acceptent de se con-
former. A la différence du contrat social imaginé par J.-J. Rousseau et sur lequel il a bâti et
on a bâti en son nom toute une organisation
chimérique, ce contrat légal existe au vu et au
su de chacun. Tout le monde peut, à tout moment, en prendre connaissance et les contractants
restent libres d'en modifier les termes.

La loi, faite par la société, dans l'intérêt de
l'ensemble des habitants du pays n'a, en principe, à régler que les questions qui touchent
aux intérêts généraux. Il appartient à la société
de pourvoir à la sécurité intérieure du pays, à
sa défense contre les attaques du dehors, d'organiser, aux frais communs des habitants, les
services publics qui sont utiles à l'ensemble de
la nation, en se bornant strictement à ceux

dont l'industrie privée ne pourrait pas assurer le fonctionnement.

Mais la loi n'a pas à intervenir dans les rapports des particuliers entre eux; elle n'a pas à s'occuper, par exemple, des relations entre patrons et ouvriers, à fixer la durée ou le salaire de la journée de travail, ou des relations entre producteur et consommateur en modifiant par les tarifs de douane le prix des denrées. Ces questions et bien d'autres ne rentrent pas dans les attributions de l'État. Il ne peut les aborder qu'en prenant parti pour certains intéressés contre les autres, c'est-à-dire en sortant de la neutralité dans laquelle son devoir est de se tenir pour tout ce qui ne touche pas à l'ordre public. Cette neutralité lui est d'autant plus imposée qu'il ne peut, par la loi, régler toutes les questions de détail, tous les cas particuliers. Il est obligé d'édicter des mesures générales qui lèsent de nombreux intérêts, à commencer par ceux qu'il s'est proposé de défendre.

Les particuliers sont mieux placés que le législateur pour discuter leurs intérêts et pour les faire respecter. Par les associations volontaires, par la discussion contradictoire, ils ont toute facilité de résister à des exigences illégitimes et de conclure des accords qui, étant librement consentis, seront plus scrupuleusement observés que les prescriptions imposées maladroitement par la loi.

L'État n'a, non plus, aucune raison pour por-

ter atteinte à la liberté du travail en se réser-
vant le monopole de certaines fabrications et en
interdisant à l'industrie privée de les entreprendre. Il n'a aucune compétence pour fabriquer
du tabac ou des allumettes ou de la poudre de
chasse. La fabrication en gagnerait à être sou-
mise à la loi générale de la concurrence, sauf
à l'État à percevoir l'impôt sur le produit fabri-
qué puisque cet impôt lui est nécessaire pour
assurer les dépenses publiques.

Mais l'État qui, dans les démocraties comme
la France actuelle, n'a pas d'existence en dehors
de la nation, qui est, au contraire la nation
s'administrant elle-même, faisant elle-même ses
affaires, n'ayant par conséquent aucune raison
apparente de faire les affaires et de prendre les
intérêts d'une partie d'elle-même contre l'autre
partie, a un devoir de strict bon sens à remplir:
c'est d'apporter la plus grande économie dans
l'administration. La nation n'a pas, en effet, de
sacrifices à s'imposer pour se faire et se conserver une clientèle. Elle n'a pas à prélever sur
les uns un tribut pour faire des libéralités aux
autres. Elle ne doit demander à chacun que la
contribution rigoureusement nécessaire pour le
fonctionnement des services publics et lui laisser, avec le plus de ressources, le soin de prendre les mesures de prévoyance qui lui con-
viendront et de participer, dans les limites que
sa conscience lui tracera, aux œuvres d'assis-
tance qui auront un caractère de solidarité

d'autant plus marqué qu'elles seront alimentées par des libéralités volontaires et dégagées de toute contrainte.

Non seulement dans une démocratie l'administration de la chose publique doit être économe, mais elle doit s'inspirer de principes libéraux, s'entourer d'institutions libérales. Dans un régime monarchique, il est naturel que le pouvoir royal entretienne une légion de fonctionnaires chargés de le représenter partout, d'assurer l'exécution de sa volonté et de la faire prévaloir dans le cas d'antagonisme avec les vœux de la nation. Mais dans une démocratie, l'exercice du pouvoir se confond avec l'exécution des vœux de la nation elle-même; celle-ci n'a donc pas à se prémunir contre une résistance qui ne saurait se produire et à charger un pouvoir central de mettre des restrictions à sa liberté, au nom d'une autorité qui lui serait supérieure et qui n'existe pas.

VI

Les réformateurs sociaux. — Le socialisme sentimental et le socialisme scientifique. — Le régime capitaliste et le collectivisme.

Bien que la démocratie soit, dans son essence, le régime sous lequel la liberté doit atteindre son plein épanouissement, il s'est, à de nombreuses reprises, rencontré de prétendus réformateurs qui, pour remédier aux imperfections sociales, ont construit des plans d'organisation très variés dans leurs détails, mais qui avaient entre eux tous ce trait commun de restreindre la liberté de l'homme et de le réduire au rôle de rouage dans un mécanisme dont le fonctionnement serait dirigé par quelques hommes auxquels les autres seraient tenus d'obéir aveuglément.

De ces conceptions réformatrices, celle qui a pris le plus d'importance et fait un nombre appréciable d'adeptes est le collectivisme. D'autres sectes socialistes l'avaient précédé qui, invoquant le principe d'égalité, avaient réclamé une grande liquidation sociale et la remise à chacun de sa part dans l'actif commun. D'impitoyables calculateurs avaient montré que cette part individuelle ne dépasserait pas 5.000 francs par tête ; d'autres avaient ajouté que le partage des terres ne pouvait se faire d'une façon égale car le sol n'a pas partout la même fécondité ; d'autres encore avaient établi que les hommes n'ont pas tous les mêmes aptitudes de travail et qu'en admettant même qu'une égalité rigoureuse pût exister à un moment donné entre tous les hommes, elle serait détruite aussitôt que réalisée, les uns faisant prospérer leurs affaires grâce à un esprit d'ordre et d'économie par défaut duquel les autres seraient immédiatement mis en état d'infériorité.

Devant tant d'objections dont la justesse ne pouvait guère être contestée, devant l'échec de quelques tentatives d'organisation de la société idéale, le socialisme sentimental dut avouer qu'il était une conception purement chimérique. Les réformateurs ne renoncèrent pas pour cela à leur dessein de refondre l'organisation sociale. Une formule soi-disant nouvelle fut importée d'Allemagne. Les livres de Karl Marx devinrent la base du socialisme scientifique.

L'égalité par le partage de la terre était impossible : la propriété individuelle allait être supprimée.

La liquidation sociale par la distribution du numéraire circulant était un songe creux : la monnaie allait disparaître.

Le droit au travail était tombé sous la risée publique : on proclamait le droit à la paresse.

Non seulement la formule collectiviste dans laquelle se résume le socialisme à prétentions scientifiques adopte des solutions diamétralement opposées à celles du socialisme sentimental, mais il n'est pas en moins flagrante contradiction avec l'état social que l'humanité s'est donné au prix de luttes poursuivies pendant des milliers d'années. Elle a voulu mettre en pleine valeur la personnalité humaine ; elle a consacré la propriété individuelle ; elle a fait prévaloir le principe de liberté sur les entraves et les compressions sous lesquelles des oligarchies avides de domination l'avaient longtemps étouffé. La Déclaration des Droits de l'homme et du citoyen est devenue la Charte de l'humanité. Sous la poussée de la Révolution française, les castes

et les classes sociales ont disparu avec leur cor-
tège de prérogatives pour les unes, de sujétions
pour les autres ; l'égalité de droits et devoirs a
été proclamée pour tous les hommes, quelle que
fût leur naissance ou leur fonction.

Que font de tout cela les collectivistes ?

Ils prennent soin de ne pas le dire très clai-
rement et la prétendue rigueur scientifique de
leur système s'abrite volontiers derrière une
phraséologie sonore mais intentionnellement
confuse et incertaine, propice aux interprétations
les plus variées. Un de leurs chefs, M. Jaurès,
avait annoncé à la Chambre, vers la fin de la
dernière législature, que, dès le début de la législature actuelle, il présenterait une proposition
de loi dans laquelle serait tracée l'organisation
sociale telle que la conçoivent les collectivistes.
La proposition n'a pas été déposée. Mis en de-
meure de tenir son engagement, M. Jaurès a de-
mandé un répit de quelques semestres, alléguant
qu'un problème aussi vaste et aussi complexe ne
pouvait être résolu par une improvisation. La
réponse serait acceptable s'il s'agissait d'une
question nouvelle sur laquelle une incertitude
existerait dans les esprits. Mais les collectivistes
opposent depuis de longues années l'organisation
sociale qu'il tiennent en réserve à l'état de choses existant ; ils proclament que leur formule
fera le bonheur du genre humain et c'est pour
être libres de l'appliquer qu'ils ne cessent de
saper la société actuelle. On est donc fondé à

penser qu'ils savent ce qu'ils veulent et qu'ils ont un plan tout prêt.

Mais en présence des formules dilatoires derrière lesquelles ils se dérobent, du retard indéfini qu'ils mettent à montrer ce plan, qui semble destiné à ne jamais voir le jour, on a quelque droit de se demander si, en réalité, les collectivistes ont un plan arrêté, s'ils savent exactement ce qu'ils veulent ou si leurs projets de réorganisation ne sont pas encore, malgré l'assurance qu'ils affectent, à l'état de rêve inconsistant et nuageux.

Si ce plan est arrêté, le peu d'empressemment qu'ils apportent à le présenter a la valeur d'un aveu ; ils reconnaissent eux-mêmes que le jour où ils lui auront donné une forme précise, où ils l'auront dégagé des formules ondoyantes, le collectivisme jettera l'épouvante dans l'esprit de ceux qui se sont laissé prendre au mirage des mots et qu'il lui restera à peine une poignée de partisans.

Si, au contraire, leurs projets sont encore informes, les grands-prêtres du collectivisme encourent une lourde responsabilité en affirmant qu'ils possèdent pour la réalisation du bonheur humain, un secret à la recherche duquel ils sont encore et en prêchant la révolution sociale alors qu'ils sont incapables de dire par quoi, au lendemain de la victoire, ils remplaceraient l'ordre social disparu.

Et d'autre part, si depuis le temps qu'ils par-

lent de la réorganisation sociale sur des bases
collectivistes, ils n'ont pas trouvé la solution du
problème, la cherchant sérieusement, il y a lieu
d'en conclure que le problème est insoluble ;
s'ils ne se sont pas activement attachés à la
trouver c'est qu'ils estiment eux-mêmes qu'il
n'y a pas besoin de se hâter et qu'il s'écoulera
encore un bien long délai avant qu'ils aient à
s'occuper de l'application de leurs théories.

Dans cet état d'imprécision il est fort difficile
d'aller au fond des choses; l'adversaire avec
lequel on voudrait engager la discussion a toute
facilité pour s'échapper, pour alléguer qu'on
lui prête des idées qu'il n'a pas ou que l'on présente comme définitives des résolutions sur lesquelles la discussion est encore pendante.

Toutefois les collectivistes ne peuvent contester qu'ils divisent les hommes en deux classes:
les capitalistes d'une part, et, de l'autre, le prolétariat. Entre ces deux classes, il y a, suivant
eux, un antagonisme d'intérêts irréductible. Le
capitaliste est un parasite qui vit du travail des
prolétaires et qui ne laisse à ceux-ci, sous
forme de salaire, qu'une infime fraction des
bénéfices qu'il tire de ce travail auquel il ne
prend pas part. Donc, il faut supprimer le parasite capitaliste pour restituer au travailleur la
totalité du produit de son travail.

En « régime capitaliste » le développement du
machinisme est funeste aux intérêts du prolétariat. Une seule machine fabrique autant que

plusieurs ouvriers ; par conséquent une partie
de la main-d'œuvre ne trouve pas à s'employer.
La grande industrie cherche à augmenter sans
cesse sa production ; elle ne la mesure pas aux
besoins de la consommation; par conséquent la
concurrence devient sans cesse plus active entre les producteurs. Ils diminuent le prix de
leurs produits pour forcer la vente et c'est le
vrai producteur, l'ouvrier, qui supporte les conséquences de cette concurrence, le patron repre-
nant sur son salaire la partie de bénéfice qu'il
est obligé d'abandonner à l'acheteur.

En « régime capitaliste » le même défaut d'organisation produit partout les mêmes funestes
effets. La démocratie paysanne ne reçoit que de
trop maigres salaires pour se procurer en quantité suffisante les produits du sol que son labeur
a fécondé. La terre est chargée de lourds impôts qui servent à payer des dépenses dont le
prolétariat profite peu ou pas du tout. Ces impôts grèvent le prix du pain et des autres consommations nécessaires à la subsistance de
l'homme. Donc il faut supprimer ces impôts afin
d'abaisser le prix de ces denrées et remplacer ces
impôts mal répartis par un impôt général sur le
revenu duquel, tout naturellement, le prolétariat
sera exonéré et qui atteindra les riches dans une
mesure de plus en plus forte à mesure que leur
fortune est plus considérable. C'est une confis-
cation partielle, qui devient même totale par la
suppression de l'hérédité en ligne collatérale.

En « régime capitaliste », la grande industrie a concentré certaines productions entre les mains d'un petit nombre d'hommes qui, sans labeur personnel, en tirent de grands bénéfices. Il faut reprendre ces industries à ceux qui les exploitent. — La question n'est pas encore résolue, a reconnu récemment M. Jaurès, de savoir si cette expropriation aura lieu avec ou sans indemnité. Nous pouvons tenir pour très vraisemblable qu'on découvrira des raisons péremptoires pour ne pas allouer d'indemnité. — Il faut donner à l'État le monopole de ces industries. Il faut « nationaliser » les mines, les chemins de fer, les banques, le raffinage du sucre et du pétrole, la fabrication de l'alcool. Les bénéfices de ces industries profiteront au prolétariat, soit parce qu'ils iront au Trésor public qui en disposera dans un intérêt social et non plus à des particuliers qui en usent pour eux-mêmes, soit parce que l'État donnera de plus grandes facilités de crédit à ceux dont la solvabilité inspire une médiocre confiance aux banques privées, soit parce qu'il abaissera le prix des transports sans se préoccuper, comme une société commerciale, d'équilibrer les dépenses avec les recettes.

Mais toutes ces mesures ne sont, dans l'esprit des collectivistes, qu'un faible palliatif aux plus graves défauts du « régime capitaliste. » Elles ne le suppriment pas, mais elles l'entament ; elles auraient même le grand avantage, si elles ve-

naient à se réaliser, de faire du « régime capitaliste » lui-même le fourrier du collectivisme.
Ce serait pour celui-ci un succès que d'avoir
supprimé l'égalité devant l'impôt dont la pro-
clamation dans la Déclaration des droits de
l'homme a été considérée jusqu'ici comme une
des grandes réformes de la Révolution française. Ce serait une réforme considérable de
remplacer, à moins de cent vingt ans d'inter-
valle, ce principe par cette autre doctrine que
trente-cinq millions d'individus doivent vivre
aux frais de deux ou trois millions d'autres individus.

Ce n'est pourtant qu'un commencement et l'on
compte bien ne pas s'en tenir à ce bien modeste
début. S'il s'arrêtait là, le collectivisme ne jus-
tifierait qu'incomplètement son nom et il entend
le justifier tout entier. Il se propose d'être le régime de la justice absolue, de l'égalité intégrale.
Dans cette première partie de son œuvre, il
ne serait qu'un instrument d'inégalité, mettant
aux prises une partie des hommes contre l'autre
et livrant la minorité sans défense à toutes les
exactions de la majorité.

Mais, quelque atteinte qu'il porte à la propriété individuelle, il ne la frappe encore pas
dans son principe ; et cependant il ne dissimule
pas qu'à ses yeux, la propriété individuelle est
un privilège, que l'appropriation individuelle
d'un morceau du sol ou d'un instrument de production quelconque est un préjudice porté par

un individu à la collectivité. Le rôle de la société nouvelle doit donc être de détruire ces privilèges, de réparer ces préjudices et de restituer à la collectivité tout ce qui lui a été indûment enlevé.

Il faut par conséquent que la propriété individuelle tout entière, sous quelque forme qu'elle existe, disparaisse, et que tous les biens, quels qu'ils soient, fassent retour à l'État. Après les mines, les chemins de fer, les banques, on « nationalisera » donc les usines et les établissements industriels. Mais l'instrument de production par excellence n'est-il pas la terre ? Va-t-il rester morcelé entre les mains de propriétaires pour leur utilité ou leur agrément personnel ? En aucune façon, car s'il en était ainsi, ce ne serait qu'œuvre vaine d'avoir « nationalisé » tout le reste, d'avoir réparé les inégalités secondaires pour laisser subsister la plus criante, celle de laquelle dérivent toutes les autres. Il faut donc que le sol subisse la loi commune et devienne propriété collective.

Arrivés à ce point, les collectivistes montrent une hésitation qu'ils ne ressentaient pas tant qu'il s'agissait de signaler aux cupidités prolétariennes ce qui peut, bien qu'à tort, être considéré comme une propriété à laquelle les riches seulement ont part. Que vont dire les dix millions de petits propriétaires campagnards qui ont pour leur lopin de terre ou leur cabane l'amour le plus jaloux si on leur annonce l'intention de les en déposséder? Ils accueilleront les réformateurs à coups de fourche. Aussi prend-on, pour ne pas exciter leur colère ni même leur méfiance, d'infinies précautions et essaie-t-on de profiter des sentiments d'envie qu'on leur suppose. On leur montre la grande propriété, le grand domaine d'agrément la grande exploitation agricole et on leur donne l'assurance que tout cela fera immédiatement retour à l'État. Quant à la petite parcelle que possède le paysan, on lui dit avec attendrissement qu'elle est sacrée, que nul ne songe à la lui enlever et qu'on n'y touchera que le jour où, émerveillé par les résultats de la méthode collectiviste, il viendra lui-même demander qu'on l'annexe à la propriété collective.

Si l'on attend ce moment, il est à croire que le règne du collectivisme n'est pas à la veille de se produire. Que les petits propriétaires n'y comptent pas trop cependant; une fois les premiers pas faits par la violence, ce n'est pas devant une violence de plus qu'on s'arrêtera. On hésiterait d'autant moins que le régime collectiviste, quelque impraticable qu'il apparaisse, ne peut faire l'objet d'une tentative d'application qu'à la condition de fonctionner tout entier.

Continuons donc à supposer que la révolution sociale est faite. Les collectivistes ont le champ libre pour édifier la société idéale. Ils dressent la statistique des besoins des hommes afin d'y égaler la production.

Il faut tant de pièces de toile, de drap, de calicot pour les vêtements, tant de kilogrammes de pain et de viande ; on cultivera ce qu'il faut de blé, on élèvera ce qu'il faut de bétail, on fabriquera ce qu'il faut de tissus pour assurer les consommations ; on n'en fabriquera pas davantage parce que ce serait du travail inutile. Le machinisme décrié aujourd'hui sera alors un instrument précieux. Plus on pourra confier de besognes à la machine, moins l'homme aura besoin de travail personnel et on a calculé qu'il suffira de deux heures de labeur par jour pour que la collectivité ne manque de rien.

Mais comment se régleront les travaux ? Qui déterminera les besoins généraux et la besogne de chacun ? C'est ici qu'apparaît l'organisme central, le syndicat, dont on parle le moins qu'on peut. Il dirigera tout, il administrera les affaires de la collectivité. S'il y a trop de métallurgistes dans une région et pas assez de cultivateurs dans une autre, il enverra ceux qu'il voudra où il voudra. L'homme n'aura pas plus d'attache avec le sol que le droit de choisir son travail. Ses enfants eux-mêmes ne lui appartiennent pas ; ils sont à la charge de la collectivité. La question est même de savoir si l'organisation de la production n'ira pas jusqu'à réglementer les rapports des sexes et à fixer le nombre de naissances qu'il convient d'atteindre et de ne pas dépasser. L'homme n'agissant plus dans son intérêt personnel, sous sa responsabilité, n'étant plus l'individu complet auquel seul incombent les conséquences de ses actes, mais étant devenu un simple fragment d'une organisation, n'a plus la liberté d'agir à sa guise ; ses mouvements doivent être réglés par le fonctionnement général de cette organisation et il ne peut mettre à la charge de la société plus d'individus que celle-ci n'en a besoin ou n'est disposée à en accepter.

N'ayant la liberté ni de choisir son travail, ni d'en discuter le prix, ni d'organiser sa vie à sa convenance, privé du droit de propriété individuelle, l'homme ne peut pas faire acte de prévoyance. La société y pourvoit pour lui. Enfant, elle l'a placé à la caserne-école, de là, adulte, il a passé à la caserne-atelier ; vieillard, elle l'envoie à la caserne-hospice. A toute époque et en toute matière la liberté individuelle est tellement abolie, la rigueur de la discipline est si forte, la contrainte est si étroite qu'un des chefs de l'école marxiste, le socialiste allemand A. Menger, déclare qu'on « ne peut approuver les communautés socialistes qui permettent à leurs membres de s'approprier les produits des jardins fruitiers et potagers rattachés à leur maison d'habitation. » Dans ce régime idéal, l'homme ne pourrait cueillir une pêche devant sa porte sans l'autorisation du syndicat. En effet, ni cette pêche, ni l'arbre qui la porte, ni le sol sur lequel il a poussé n'est à lui ; il appartient à la collectivité, dans laquelle il n'est qu'un atome.

Le travail est-il au moins rétribué ? Oh ! il ne peut être question de salaire en monnaie. Les collectivistes ont repris à leur compte que le salariat est une forme de l'esclavage et la société collectiviste est une société d'hommes libres. Il ne peut non plus s'agir de monnaie, car la monnaie, c'est une propriété individuelle ; avec elle, on peut se procurer ce que d'autres n'auraient pas : première atteinte à l'égalité. Si le travail s'échange contre de la monnaie, la nature et la qualité du travail comportent une différence dans le prix: deuxième atteinte à l'égalité. La monnaie est donc le coin qui s'enfonce dans le système collectiviste et qui ne tardera pas à le faire éclater. Aussi la monnaie est-elle bannie et remplacée par les bons de travail, lesquels s'échangent, aux magasins coopératifs, contre les denrées usuelles.

Ces denrées sont également utiles à tous les hommes. Si l'ouvrier habile et laborieux peut s'en procurer plus que son camarade inhabile et négligent, il se formera dans la société collectiviste un nouveau prolétariat ; le capital, sous la forme des bons de travail, aura une action analogue à celle qu'il exerce dans « ce régime capitaliste » si décrié et cè sera la faillite de la révolution sociale. Il est donc de toute nécessité que le travail, bon ou mauvais, soit rétribué de la même façon, que l'ouvrier paresseux soit traité comme l'ouvrier actif.

Les membres de la société collectiviste n'étant

plus aiguillonnés par la nécessité de satisfaire les besoins quotidiens, par le sentiment de la responsabilité, par l'ambition, par la pensée de l'avenir, par le désir d'épargner à leurs enfants les difficultés du chemin, devenus entre les mains du syndicat une chose inerte, *perinde ac cadaver,* suivant la formule des Jésuites, comme un bâton dans la main d'un vieillard, sans initiative et sans volonté, ne tarderaient pas à penser qu'en travaillant activement ils jouent un jeu de dupes et qu'ils prennent de la peine pour faire vivre les paresseux et ne pas vivre mieux qu'eux. Pourquoi, dès lors, apporteraient-ils de l'ardeur au travail ? Pourquoi ne réduiraient-ils pas à un minimum leur part de la besogne commune? Pourquoi ne se retrancheraient-ils pas dans l'inertie, rejetant sur les moins avisés la plus grosse part du labeur ?

Mais ceux-ci se feraient chaque jour moins nombreux et il est à prévoir que le régime collectiviste serait bien vite répudié par ceux qui en auraient salué l'avènement avec le plus d'enthousiasme et dont il aurait déçu toutes les espérances, ou que, s'il se maintenait, il s'écoulerait bien peu de temps avant que le paradis rêvé fût devenu un champ d'agonie où des troupeaux humains achèveraient dans le dénûment une misérable existence.

Et c'est pour en arriver à ce résultat inéluctable que l'on poursuit la destruction de la société à la constitution de laquelle l'humanité a tra-

vaillé avec persévérance pendant une longue
suite de siècles, que l'on excite contre elle les
colères de ceux qui n'y ont assurément pas toutes leurs aises, mais dont on trompe la crédu-
lité en leur promettant le bonheur par le collectivisme. On abuse de leur ignorance en leur
présentant le monde comme divisé en deux classes opposées : les pauvres et les riches. Ces riches, qui sont bien loin d'être tous des oisifs et
qui, pour une large part, doivent leur fortune à
leur travail n'ont pas dans la société le rôle
qu'on leur prête de parasites vivant du labeur
des travailleurs. Ils en font au contraire vivre
une grande quantité qui, grâce à eux, gagnent
largement leur vie et, sans eux, seraient réduits
à la misère. Ce sont tous ceux qu'occupent les
industries de luxe, les artistes, les travailleurs
intellectuels auxquels il ne semble pas que les
organisateurs de la société collectiviste réser-
vent aucune place dans la cité future.

Est-il exact d'autre part que les ouvriers
soient, en général, dans l'état de dénûment dont
on fait le sombre tableau ? Ce sont ces prétendus misérables qui possèdent, par petites par-
celles, la moitié du sol de la France, qui ont
amassé la plus forte part des milliards accumu-
lés dans les caisses d'épargne, qui détiennent la
plus grande partie des valeurs à lots émises
par le Crédit foncier et la Ville de Paris, entre
les mains desquels se répandent les titres de la
grande industrie, tels que les obligations de

chemins de fer, qui affluent aux guichets des banques chaque fois qu'un appel est fait à l'épargne, qui ont couvert vingt-six fois l'emprunt destiné à la libération du territoire et qui ont encore apporté leurs écus quand il s'est agi de refaire notre matériel de guerre. Ce ne sont pas de grands capitalistes qui ont acheté dernièrement les billets de la Loterie de la presse émis à un prix relativement élevé et dont tous les gros lots ont été gagnés par des artisans.

Il y a chez les travailleurs français un admirable esprit d'ordre et d'épargne, une prodigieuse abondance de ressources. Les théories dont l'application conduit à l'inertie, à l'énervement et à la déchéance de l'individu ne conviennent pas à ce peuple ardent au travail, conscient de sa dignité, pénétré des sentiments de justice et de liberté, passionnément attaché à la patrie pour laquelle il a, sans compter, fait tous les sacrifices et versé son sang, qu'il veut grande et noble, respectueuse de toutes les autres patries, ne provoquant personne mais fermement résolue à ne tolérer aucune humiliation, aucune injure.

Il est fier de la beauté de sa patrie, fier de sa gloire, fier du rayonnement qu'elle a répandu sur le monde, du génie de ses savants, de ses artistes, car tout cela constitue un patrimoine commun dont il connaît toute la valeur, dont il garde la reconnaissance à ceux qui le lui ont transmis et qu'il veut léguer intact tout au moins, accru encore s'il est possible aux générations futures,

afin de faire une France toujours plus grande,
toujours plus noble, toujours plus belle, exerçant
par la diffusion de ses idées, par le développement de son commerce, par la réalisation d'in-
cessants progrès, par la justice, par la liberté,
par le sentiment sans cesse affermi de la valeur
individuelle, de la responsabilité personnelle, un
rayonnement moral et intellectuel toujours plus
éclatant sur le monde.

Et voilà le peuple fier et laborieux, animé
d'un ardent patriotisme, attaché par toutes ses
fibres au sol national, à son foyer, épris de propriété individuelle, pour tous les membres duquel la plus grande satisfaction est de posséder
un lambeau de ce sol, parce que la propriété de
la terre est la forme la plus tangible de la propriété individuelle, qui, pour l'acquérir, s'impose
souvent, avec une inlassable constance, de
grands sacrifices, voilà le peuple auquel on
imagine de persuader que l'abdication de sa liberté, la suppression de la propriété individuelle
et l'établissement d'un régime duquel toute indépendance personnelle sera bannie, qui fera de
la France une caserne ou une congrégation dont
les membres seront tenus à l'obéissance passive,
soumis à la férule et à la tyrannie du syndicat,
seraient un progrès.

L'établissement d'un tel régime, qui heurte à
ce point toutes les idées, toutes les traditions,
toutes les aspirations humaines que pour le fon-
der il faudrait commencer par refaire le cer-

veau de l'homme et arracher de son cœur les sentiments les plus intimes, ne serait, s'il pouvait être réalisé, que l'œuvre de réaction la plus formidable que l'on puisse concevoir. Ce serait, en effet, l'anéantissement de toute l'œuvre de patiente civilisation à laquelle les générations après les générations, les siècles après les siècles ont travaillé sans relâche et qui a trouvé dans la société moderne issue de la Révolution française, sinon sa forme intangible et immuable, du moins ses principes directeurs et sa formule générale.

Ce serait le retour de l'humanité à la barbari des âges primitifs.

VII

L'anti-patriotisme. — La défense du foyer.
Le devoir civique. — Le drapeau emblème de la patrie.

Comme si ce n'était pas assez de violenter ainsi la conscience humaine, de propager, en les dissimulant sous des apparences séduisantes et trompeuses, ces doctrines mortelles, il se trouve des hommes qui complètent la prédication collectiviste par l'étalage de sentiments anti-patriotiques. Les uns proclament que le drapeau tricolore n'est bon qu'à « planter dans le fumier »; d'autres « crachent dessus ». Il s'est formé un bas intellectualiste qui affiche un profond mépris pour l'idée de patrie et les représentants

les plus qualifiés du collectivisme osent dire
que le devoir des socialistes est de se servir de
leurs armes non pas contre l'ennemi, contre
l'envahisseur de la patrie, mais contre leurs
chefs, contre «les gouvernements de crime », que
« le devoir du prolétariat est d'abattre révolu-
tionnairement. »

Ils disent que toutes les patries se valent,
qu'ils ne donneraient une goutte de sang pour
aucune et qu'il ne leur importe en aucune façon
d'être Français ou Allemands. En attendant que
l'occasion vienne appliquer ces théories en face
de l'ennemi, ils prêchent l'indiscipline militaire
et s'il se peut, la désertion. Ils présentent la
caserne comme le foyer de tous les vices, l'é-
cole de toutes les démoralisations, l'accomplis-
sement du devoir militaire comme l'indice du
plus honteux esclavage et la discipline comme
le pire des procédés d'abrutissement.

Paroles étranges dans la bouche de ceux qui
veulent soumettre l'humanité, de la naissance
à la mort, à une discipline de tous les instants
et qui conçoivent la société future sous la forme
d'une caserne dont le régime sera le capora-
lisme !

Doctrines impies et sacrilèges ! Il n'est pas
vrai que toutes les patries se valent et qu'il importe peu d'appartenir à l'une ou à l'autre. Ce
qui est vrai, c'est que chacune d'elles vaut
mieux que les autres pour ses enfants parce
qu'ils l'aiment d'un amour filial; parce qu'elle

est pour eux une famille, qu'elle représente à leurs yeux un certain idéal, que leurs devanciers l'ont aménagée suivant les besoins et les goûts qu'ils éprouvent eux-mêmes ; que ces devanciers l'ont dotée d'institutions à l'amélioration desquelles eux-mêmes travaillent chaque jour ; parce que la patrie, c'est le foyer auquel l'antiquité élevait des autels et dont tout homme a le culte.

C'est pour la défense de ce foyer commun que la patrie fait appel à tous ses enfants, qu'elle leur demande de faire, dans l'intérêt commun, le sacrifice temporaire de leur indépendance et de se soumettre dans un esprit d'abnégation, pendant une courte période, à une discipline sans laquelle l'œuvre commune de défense ne pourrait être accomplie. Tous consentent avec empressement, même avec joie, ce sacrifice, sachant qu'ils n'abdiquent momentanément leur indépendance que pour assurer la défense de leur liberté, pour soustraire la patrie, dont le drapeau national est la représentation, aux atteintes et aux convoitises étrangères, et que la patrie sera d'autant moins exposée à des menaces qu'elle sera plus forte et offrira une proie moins facile à ceux qui voudraient s'attaquer à elle.

La caserne par laquelle passe toute la jeunesse de la nation, l'armée dans laquelle sont confondus les hommes de toutes les catégories sociales, quelque profession, quelque fortune

qu'ils aient, ne sont pas l'école de vice et d'abrutissement qu'on veut faire croire. Elles sont la
grande école du devoir sous la forme la plus
haute, le devoir civique, le devoir envers la
patrie. Elles ne sont pas moins l'école d'égalité
où tous les hommes se rapprochent, où ils
apprennent à se connaître et à s'estimer, et où
cette connaissance réciproque plus complète
d'hommes que tant de motifs rendent étrangers
les uns aux autres dans la vie civile crée un lien
de fraternité entre tous les enfants de la France
et fait battre leurs cœurs à l'unisson dans le
même amour de la patrie, dans le même culte
du drapeau tricolore qui la représente à tous
les yeux, devant lequel tous les fronts se dé-
couvrent.

TABLE DES MATIÈRES

Mayenne, Imprimerie Ch. COLIN.

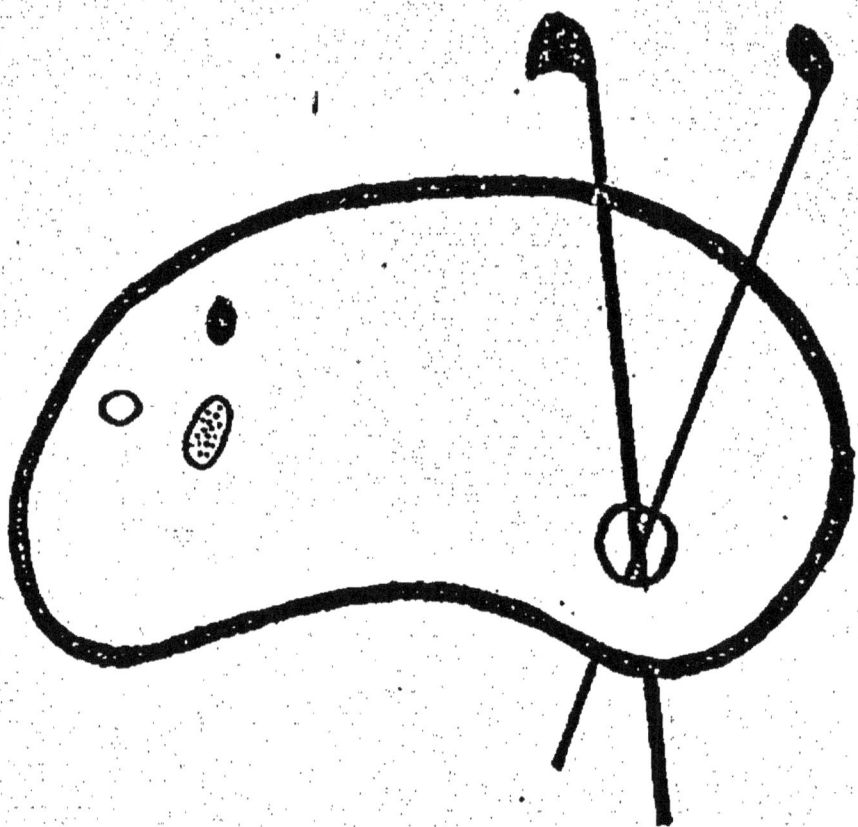

ORIGINAL EN COULEUR

NF Z 43-120-8

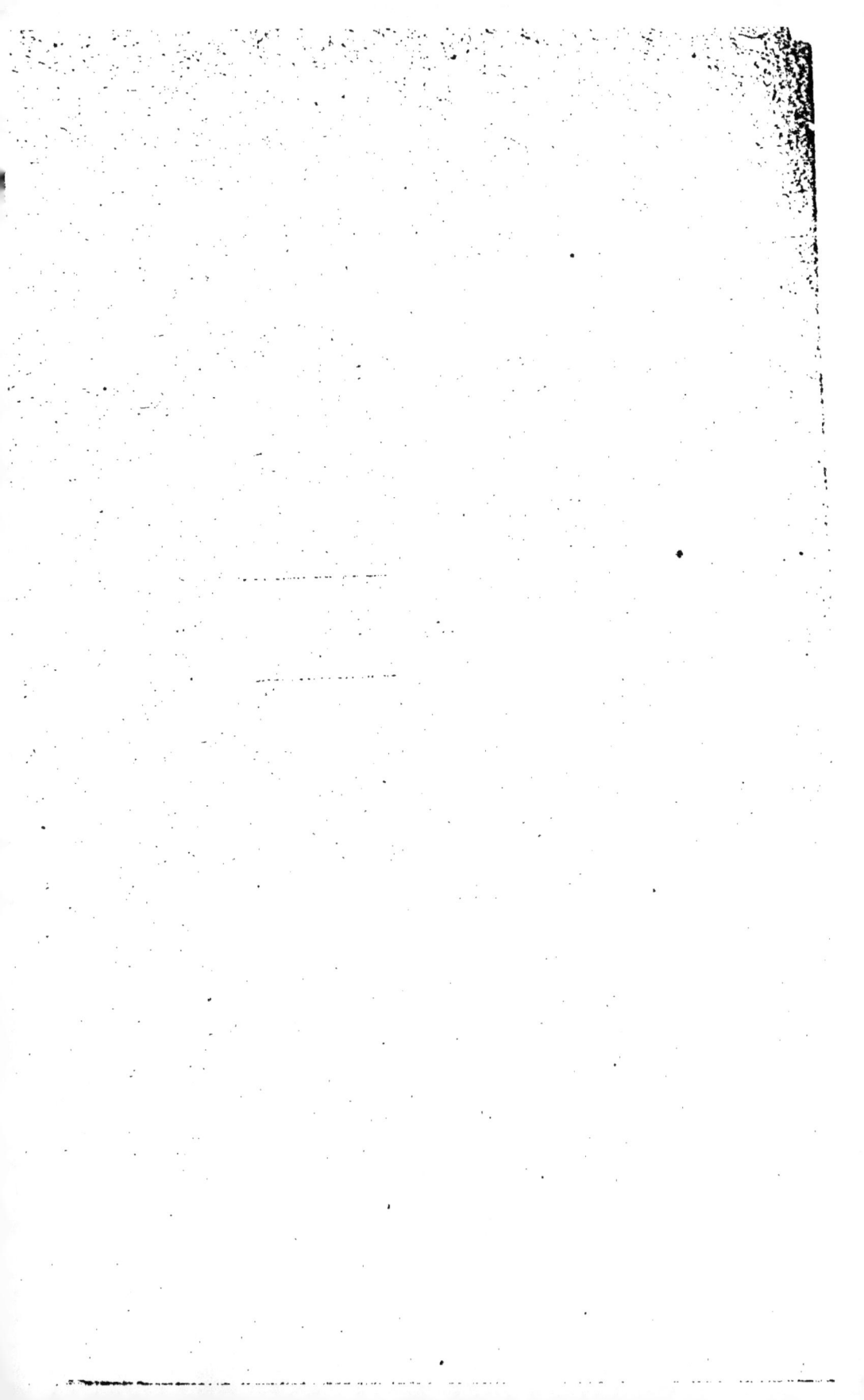

www.ingramcontent.com/pod-product-compliance
Lightning Source LLC
Chambersburg PA
CBHW070952280326
41934CB00009B/2060